# Christa Garbe
# Der Hirtenjunge und das Kind

# Der Hirtenjunge
# und das Kind

## 24 Adventsgeschichten
## passend zum
## Adventskalender
## von Punsack-Rohde

## und

## Der Hirtenjunge Isaak
## ein Weihnachts-Märchen

## Von Christa Garbe

Mellinger Verlag GmbH Stuttgart Germany

© J. Ch. Mellinger Verlag GmbH Stuttgart
Gesamtherstellung:
AALEXX Druck GmbH, Großburgwedel
ISBN 10: 3-88069-399-4
ISBN 13: 978-3-88069-399-9

# Inhalt:

# Inhalt:

*Hinter dem 1. Türchen leuchtet:*

*Der Mond*

Es war in einer stillen Winternacht vor langer, langer Zeit. Der Mond wanderte über den Himmel und strich mit seinen leuchtenden Händen über das Land. Hellauf blitzte der Schnee, der auf den Bergen lag. Schneekristalle glitzerten wie die Sterne, die um ihn herum im Universum funkelten. Ein nächtlicher Wind wirbelte den Schnee hoch und er fiel wie Diamanten besetzte Schleier zur Erde zurück. ,Hübsch sieht das aus‘, dachte der Mond und lächelte. Seine leuchtenden Finger strichen weiter über das Land.

Sie strichen über den Wald und der Schnee glitzerte auf den Zweigen und Ästen. Geheimnisvoll schimmerte da und dort ein zugefrorener Waldsee.

Der Mond ließ das Eis hellauf funkeln und freute sich schon auf den Sommer, wenn die Elfen wieder am Ufer tanzen und das Waldteich-Nixlein ihm fröhlich zuwinken würden.

11

Ein alter Stall, der auf einer Wiese stand, wurde nun von seinem Licht beleuchtet. Eine dicke Schneedecke zierte das Dach und der Mond hätte zu gerne gewusst, was hinter den verschlossenen Türen war. Da es dort keine Fenster gab, konnte er auch nicht hineinschauen. So wanderte er weiter über das Land.

Der Mond wusste genau, dort unter dem Schnee war vielfältiges Leben, doch im Moment konnte man noch nichts davon spüren.

‚Ich schaue morgen wieder dort hin', dachte der Mond, ‚vielleicht gibt es dann etwas für mich zu sehen.'

Er zog weiter über das Land und unter seinen leuchtenden Händen glitzerte der Schnee.

*Hinter dem 2. Türchen schläft:*
*Der Igel*

Tief vergraben in seinem Winterbett aus trockenen Blättern und Gräsern schlief tief und fest ein Igel. Er hatte sich ganz zusammengerollt und seine Stacheln, die nach allen Seiten abstanden, schützten seinen empfindlichen Bauch. Er träumte von warmen Sommerabenden, von fetten Raupen, Schnecken und von Regenwürmern und leckerem Obst, das er manchmal im Gras fand. Der kleine Igel grunzte zufrieden im Schlaf. Es war ein guter Sommer gewesen und er konnte sich genug Fett für den Winterschlaf anfressen.

Der Igel bewegte sich nun unruhig im Schlaf. Irgend etwas hatte ihn geweckt. Er streckte das runde Näschen hoch und schnupperte. Waren seine Freunde, die Zwerge, schon da? Doch nein, er hörte nichts, es war ganz still in dieser Winternacht. So rollte er sich wieder zusammen und schlief einfach weiter.

Er träumte nun von dem jungen Hund des Schafhirten, der stets aufgeregt bellend herum sprang, sobald sie sich begegneten. Der Igel kicherte im Schlaf. Der dumme Hund hatte sich immer wieder bei seinen Angriffen eine blutige Nase geholt. Es hatte ziemlich lange gedauert, bis er begriffen hatte, dass er mit dem Igel nicht spielen konnte.

Nun machte er stets vorsichtig einen Bogen um ihn und tat so, als ob er ihn gar nicht sähe!
Hast du schon einmal einen Igel, der sich zu einer Kugel zusammengerollt hatte, in der Hand gehalten? Das piekt ganz schön, nicht wahr? Der Stachelpanzer ist der beste Schutz gegen Feinde für den Igel. So kommt ihm keiner zu nahe.

Er hob noch einmal das Näschen und sog den Geruch der Nacht ein. Irgend etwas war anders – doch was es war, das konnte der Igel so nicht feststellen. Ihm war auch, als ob es nicht ganz so dunkel wäre um ihn herum wie in den anderen Nächten. Seltsam!

*Hinter dem 3. Türchen arbeitet:*
*Der Heiler-Zwerg*

Tief in einer Felsenhöhle wohnten viele Zwerge. Einer von ihnen war der Heiler-Zwerg. Zu ihm kamen alle Zwerge oder Tiere, wenn sie krank waren oder sich verletzt hatten. Sein Name war *Huppeldrum*; er war gerade auf dem Weg zum Stall, wo ein verletztes Schäfchen lag.

Als die Schäfer schliefen, näherte er sich leise dem verletzten Tier, nahm den Verband ab, schichtete heilende Kräuter auf die Wunde und murmelte einen Zwergen-Heiler-Spruch. Dann legte er noch seine Hände auf das Schaf und bat die große Erdenmutter um Heilung:

Heile, heile, Mutter Erde, dass dieses Bein gesund bald werde!

Das leise Flüstern klang dreimal durch die Nacht. Nach einer Weile kraulte er das Schäfchen zwischen den Ohren und es schlief zufrieden ein.

Der Zwerg ging auf leisen Sohlen wieder zurück zu den Felsen. Doch irgend etwas erweckte seine Aufmerksamkeit am Himmel: Ein heller Schein, der näher zu kommen schien. Doch er war zu müde, um noch länger zu schauen. Bald hatte er seine Höhle erreicht und trank einen guten heißen Kräuter-Tee.

Huppeldrum war sehr müde, aber er konnte nicht schlafen gehen. Da war nämlich noch ein krankes Zwergenkind, um das er sich kümmern musste. So wanderte er tiefer in die Felsenhöhlen hinein, wo eine besorgte Zwergenmutter ihn schon erwartete. „Ach Huppeldrum", rief sie ihm entgegen, „ich bin so froh, dass du wieder zurück bist. Schau doch nur nach meinem kleinen Himpelpimpel, er weint, weil er so furchtbar hustet." Und richtig: da lag das kleine Zwergenkind mit hochroten Fieberwangen und hustete ganz schlimm.

Der Heiler-Zwerg holte aus seiner Tasche einen bunten, geheimnisvollen Stein und drückte ihn dem kleinen Himpelpimpel in die Hand. Das Zwergenkind vergaß das Husten und betrachtete verwundert den Stein, der in allen Farben schillerte. Dann bekam es noch eine Nussschale voll mit Kräuter-Medizin und war gleich darauf ruhig eingeschlafen.

„Danke", flüsterte die Zwergenmutter, „vielen Dank, lieber Heiler-Zwerg."

Der nickte nur müde, murmelte auch über dem Kind einen Heilerspruch und wandte sich zum Gehen.

„Gibt es etwas Neues, draußen in der Welt?", wollte die Zwergin noch wissen, denn jetzt im Winter blieben lieber alle in den warmen Felsenhöhlen.

Huppeldrum nickte. „Ich habe am Himmel einen hellen Schein gesehen, wie ich noch nie zuvor einen sah."

„Was mag das bedeuten?", fragte die Zwergin verwundert. „Ich weiß es nicht." Der Zwerg zuckte mit den Schultern. „Mal sehen, ob er morgen noch zu sehen ist." Dann nickte er ihr zu und konnte sich nun bald in sein gemütliches Bett aus weichem Moos kuscheln.

Das helle Leuchten am Himmel aber kam immer näher.

*Hinter dem 4. Türchen schnuppert:*
*Der junge Fuchs*

Hinten im Wald, unter einer mächtigen Buche, hatten Füchse einen tiefen Bau gegraben. Vor diesem Bau lief aufgeregt ein junger Fuchs hin und her. Sein rotbraunes Fell schimmerte im Mondlicht. Er ·wartete auf die Rückkehr seiner Mutter. Ob sie ihm wieder leckere Mäuse brachte oder ein junges Kaninchen? Oh, er war sehr hungrig und streckte seine spitze Nase in die Luft. Wie aufregend alles roch!

Da flog laut kreischend eine Elster vor ihm hoch und entsetzt floh das Füchslein wieder zurück in den Bau. Dann schob er aber bald wieder seine neugierige Nase heraus und schaute interessiert nach links, wo es raschelte. Doch es war nur der Wind, der einige trockene Blätter bewegt hatte, die auf dem Schnee lagen. Vorsichtig tapste der Fuchs hierhin und dorthin und nahm die für ihn fremden Gerüche voller Neugierde auf.

Plötzlich sah er den Eingang zu seinem Bau nicht mehr. Er sprang vor Schrecken hin und her. Wo war seine Höhle? Ach, wäre er doch nicht einfach fortgelaufen. Der Wald – eben noch voller aufregender Erlebnisse – kam ihm nun sehr bedrohlich und dunkel vor.

Das Füchslein hatte große Angst und stieß ein klagendes Heulen aus, er hoffte, dass seine Mutter ihn hörte. Nie wieder würde er sich so weit von seiner Höhle entfernen. Da fiel ein weicher, heller Schein durch die Bäume und der Fuchs schaute verwundert hoch. Dieses Licht schien ihm den Weg zu leuchten — und endlich, endlich sah er den Eingang zur Höhle: sein Zuhause. Und er sprang glücklich zurück in den Bau.

Doch neugierig schaute er noch einmal aus dem Eingang nach oben, zum Himmel. ‚Das ist sicher der Mond‘, dachte der Fuchs. Doch es war nicht der Mond, aber das konnte das junge Füchslein nicht wissen.

*Hinter dem 5. Türchen schaut mit großen Augen: Die Eule*

Mit ihren großen gelben Augen schaute die Eule, die auf ihrem Lieblings-Tannenbaum saß, umher. Sie hatte doch da eben einen jungen Fuchs gesehen. Wo war er nur? Bedächtig breitete sie ihre mächtigen Schwingen aus und flog lautlos durch den Wald.

„Uhu – Uhu!", rief sie, „kleiner Fuchs, wo bist du? Uhu – Uhu." Doch das Füchslein lag in seinem Bau ganz tief unten und hörte sie nicht. Die Eule flog hoch hinauf auf die Spitze der höchsten Tanne, von wo sie das ganze Gebiet überblicken konnte. Verwundert drehte sie ihren Kopf zum Himmel. ‚Seltsam', dachte sie, ‚geht schon die Sonne auf? Dort hinten ist ein heller Schein, aber es ist doch noch mitten in der Nacht, das weiß ich genau.'

Da sie sich das nicht erklären konnte, erhob sie sich und strich weiter auf ihren mächtigen

Schwingen über die Wiesen bis dorthin, wo die Schafe bei dem alten Stall lagerten. „Wuff", bellte der Hütehund Pokko, als er die Eule erblickte.

„Uhu", machte sie und blinkerte mit ihren großen gelben Augen. Erschrocken duckte sich der Hund. Zufrieden erhob sich die Eule und flog zurück in den Wald. Sie sah noch gerade den Heiler-Zwerg in seiner Felsenhöhle verschwinden und sandte ihm ein freundliches „Uhuuu" hinterher.

Auch ihr hatte dieser Zwerg schon einmal geholfen, als sie als junge Eule unvorsichtig durch dichtes Geäst geflogen war und sich dabei einen Flügel verletzt hatte.

„Uhuuu", scholl ihr Ruf durch die Nacht und so manches Mäuslein verschwand wie der Blitz in seinem Loch.

Die Eule flog auch über das Blätternest des schlafenden Igels, doch auch er hörte sie nicht. Immer wieder schaute die Eule zum Himmel.

‚Nein, es ist nicht die Sonne, was da leuchtet, es ist etwas anderes.‘

Sie nahm sich vor, morgen die Zwerge zu fragen. Sie wollte immer wissen, was in ihrem Wald geschah – auch wenn es nur ein seltsamer Schein am Himmel war. „Uhuu.“

*Hinter dem 6. Türchen wacht:*
*Der Schäfer Abraham mit der Laterne*

Der älteste der drei Schäfer, die die Schafherde hüteten, hieß Abraham. Weil er schon so alt war und seine Augen nicht mehr so richtig wollten, hatte er stets eine Laterne bei sich.

Er war plötzlich aufgewacht. Ihm war, als ob er einen Eulen-Schrei gehört hätte. Er erhob sich und wollte seine Laterne anzünden, um nach dem verletzten Schaf zu schauen. Doch verwundert stellte er fest, dass er diese nicht brauchte. Es war draußen hell genug. Verwirrt schaute der Schäfer zum Himmel: Es war nicht der Mond, der dieses milde Licht verbreitete, es war ein riesiger Stern.

Abraham war wirklich schon ein sehr alter Mann, doch noch nie in seinem Leben sah er einen solch riesigen Stern am Himmel. Erst wollte er seine beiden anderen Schäfer wecken – doch dann ließ er sie schlafen, er wusste, wie erschöpft man abends nach einem langen Hüte-Tag war.

So stand er leise auf und ging zu dem verletzten Schaf, das ganz ruhig da lag und offensichtlich keine Schmerzen mehr hatte. Vertrauensvoll sahen ihn die runden Augen an.

Abraham strich ihm über den wolligen Kopf. Er war froh, dass es ihm offensichtlich besser ging. Er war ja verantwortlich für diese Herde, die einem reichen Bauern in der Stadt Bethlehem gehörte. Wehe, wenn sie ein Schaf verloren hatten oder ein wildes Tier eines riss. Dann wurde ihnen dreien von dem kargen Lohn, den sie erhielten, viele Piaster abgezogen. So litten ihre Familien dann Not. Doch den reichen Mann kümmerte das nicht.

Ihm gehörte auch dieser halb verfallene Stall, in dem ein alter Ochse, der nicht mehr arbeiten konnte und ein ebenso alter Esel, ihr Dasein fristeten. Wenn nicht der Stiefsohn Isaak des Schäfers Jeremiah, der seit einiger Zeit mithalf, den beiden Tieren regelmäßig Heu und Wasser geben würde, wären die Tiere sicher verhungert oder verdurstet.

Der alte Schäfer schaute auch nach den beiden Tieren. ‚Ja‘, dachte er beruhigt, ‚sie haben noch zu fressen und zu trinken.‘

Auch diesen beiden klopfte er liebevoll auf die Rücken und legte sich dann wieder unter seine dünne Schlafdecke. ‚Wie riesig dieser Stern ist‘, dachte er noch beim Einschlafen.

*Hinter dem 7. Türchen langweilt sich:*
*Das Schaf*

„Maäääääh", machte leise das Schaf und unruhig bewegten sich die anderen Schafe. Der Hund Pokko kam herbei und ließ ein leises Knurren hören. Da war das Schaf wieder still. ,Es ist langweilig hier', dachte das Schaf und wollte wieder *Mähhh* sagen, doch der Hund stupste es unwillig an – so blieb es still.

Das Schaf war noch recht jung und wollte lieber draußen herumtollen. Es schien doch schon Tag zu sein, das sah es genau. Nachts war es dunkel – da konnte man gut schlafen. Aber jetzt? Es muss doch Tag sein – warum war es so hell?

Sicher kommt bald mein Freund, der Zwerg Schnurzel-Purzel, freute es sich, dann spielen wir Verstecken oder Nachlaufen.

Einmal – so erinnerte sich das Schaf – kamen auch die Elfen des Waldes angeflogen und setzten sich in ihren luftigen bunten Kleidchen auf die Rücken der Schafe.

Das Schaf machte leise ‚Mäh' vor Vergnügen; denn es erinnerte sich, wieviel Spaß sie alle in dieser Nacht hatten. Die Schäfer schliefen fest, selbst der Hund Pokko merkte nicht das fröhliche Treiben. Vielleicht hatten die Elfen die Schäfer und Pokko verzaubert mit einem Elfenspruch – wer weiß?

Alle Schafe rannten durcheinander, die grünen Hügel rauf und runter. Ja, es fand sogar ein Wettrennen statt! Oh, das war eine herrliche Nacht gewesen!

Und das Schaf gluckste leise vor sich hin vor Vergnügen. Die Schäfer waren am anderen Morgen völlig verblüfft gewesen, weil alle Schafe ermattet auf der Wiese lagen und einfach nicht aufstehen wollten, nur schlafen, schlafen, schlafen.

Sie dachten, die ganze Herde sei krank! Sie rannten aufgeregt herum und schauten den Schafen ins Maul und hoben die Augenlider, doch sie konnten natürlich nichts finden! Am nächsten Morgen war alles wieder so wie sonst, und die Schäfer waren froh! Mäh!

*Hinter dem 8. Türchen purzelt:*
*Der Zwerg Schnurzel-Purzel*

Früh am Morgen erwachte, fröhlich wie jeden Tag, der Zwerg Schnurzel-Purzel. Er war ein lustiges Kerlchen, immer bereit zum Lachen und Späße zu machen, bereit, jedem zu helfen, der Hilfe brauchte, doch am liebsten purzelte er einfach so durch die Gegend. Daher hatte er auch den Zweitnamen ‚Purzel' bekommen. Denn eigentlich hieß er nur Schnurzel.

Wenn die Zwergenkinder ihn sahen, kamen sie alle schnell herbeigelaufen und riefen „Schnurzel-Purzel, mach für uns Purzelbäume!"

Er konnte nämlich die schönsten Purzelbäume weit und breit machen. Wie eine kleine runde Kugel rollte er vorwärts und rückwärts. Die Kinder versuchten natürlich immer wieder, ihn nachzuahmen – doch so richtig gelang es ihnen nicht. So purzelten an diesem Morgen wieder einmal fast alle Zwergenkinder mit ihm um die

Wette und hatten einen herrlichen Spaß dabei.

Doch schnell war es vorbei, denn die Lehrer der Zwergenschule kamen herbei und scheuchten die größeren Kinder in die Schule, die kleineren durften dann in den Zwergen-Kindergarten gehen.

Brummend erschien der Heiler-Zwerg: „Was war denn hier wieder einmal für ein Lärm?"

Purzel klopfte sich schnell die Gräser vom Wams und von den Hosen und fragte ganz unschuldig: „Was für ein Lärm?" Alle Kinder waren nämlich wie der Blitz verschwunden, als sie den würdigen Heiler-Zwerg kommen hörten, vor dem sie alle mächtigen Respekt hatten.

Der Alte strich sich über seinen langen Bart. „Schnurzel, komm bitte einmal her, ich habe eine Aufgabe für Dich!" Schnurzel-Purzel war froh, dass er keine Schimpfe bekam. So schaute er Huppeldrum erwartungsvoll an.

„Bitte, hole mir aus der Kräuter-Vorratskammer folgende Kräuter: Fenchel, Baldrian zum Beruhigen, Kamillenblüten, Rosmarin und Arnika, sowie Eukalyptus und Salbei für Verletzungen. Hast du das alles behalten?"

Schnurzel-Purzel dachte für einen Moment nach und wiederholte jedes Kräutlein, das er bringen sollte. Zufrieden nickte der Heiler-Zwerg und Schnurzel purzelte von dannen.

In der Höhle, in der die Heilkräuter aufbewahrt wurden, suchte er alles zusammen, wobei ihm eine der Zwergenfrauen half, die für diese Sammlung und für das Trocknen der Kräuter zuständig war.

Schnell war er wieder zurück und Huppeldrum mischte in seiner Höhle alle Kräuter so, wie er sie brauchen würde. Dann wurde Schnurzel-Purzel noch einmal fortgeschickt: „Bitte, schau nach dem jungen Fuchs", bat der Heiler-Zwerg, „er hatte sich wohl gestern verlaufen."

Auch das machte der Kleine gerne. Beruhigt hörte Huppeldrum später, dass der junge Fuchs wohlbehalten in seiner Höhle lag. Schnurzel-Purzel half dann, die Kräuter in kleine Säckchen zu verpacken.

„Ich muss heute noch einmal nach dem Schaf schauen", hörte er den Alten murmeln. „Du kannst mir beim Tragen der Kräuter helfen, ja?" Da strahlte der kleine Zwerg vor Freude. Ja, das würde er gerne machen. Dann könnte er seine Freunde, die Schafe, besuchen und mit ihnen herumtollen.

*.Hinter dem 9. Türchen gurrt:*
*Die Taube*

„Rucke-di-guu, rucke-di-guu,... wo bist du liebe Freundin?" Die Taube flog aufgeregt durch das Geäst der Bäume. Es wurde schon dunkel und sie suchte schon seit Stunden. Aber sie hörte keine Antwort, alles blieb still. Ihr war auch sehr kalt in dieser Winternacht.

Wo sollte sie noch suchen? Gestern noch hatten sie fröhlich miteinander gespielt – dann sich wegen eines Weizenkornes gezankt – und dann flog ihre Freundin einfach davon in den dichten Wald.

Die Taube trippelte auf dem Ast des mächtigen Baumes, auf dem sie gerade saß, hin und her und stieß immer wieder diesen verzweifelten Ruf aus: „Rucke-di-guu, rucke-di-guu,... wo bist du liebe Freundin?"

Doch Stille war ringsumher – nur dieser helle

Schein am Himmel verbreitete sein Licht. Doch die Taube interessierte sich gar nicht für dieses ungewöhnliche Licht. Ihr war sehr kalt. Dann entdeckte sie den kleinen Stall, um den herum eine Schafherde lagerte.

Erleichtert erhob sie sich von ihrem kalten Platz und flog dort hin. Hoch im Gebälk ließ sie sich nieder und steckte ihr Köpfchen unter das Gefieder, nachdem sie verwundert den alten Ochsen und den Esel beäugt hatte. Von dort kam sicher keine Gefahr. Ihr letzter Gedanke galt der Freundin: „Rucke-di-guu, rucke-di-guu,... wo bist du liebe Freundin?"

*Hinter dem 10. Türchen hängt seinen*
*Gedanken nach: Ein Schaf*

Das Schaf hob den Kopf. Hatte es nicht gerade eine weiße Taube in den Stall fliegen sehen? Was sie hier wohl wollte? Noch nie sah es eine Taube, die in den Stall flog.

‚Na ja‘, dachte das Schaf schläfrig, ‚sicher ist ihr kalt dort draußen im Wald. Sie hat ja keine dicke Wolle wie ich, sie hat ja nur die dünnen Federn – da muss sie ja frieren.‘

Dann fiel dem Schaf ein, dass ja im Frühjahr die Schafschur kam und es dann auch kein Wollkleid mehr hatte. Oh wie kalt war ihm da, wenn es regnete. Das Schaf schüttelte sich, geschoren zu werden, das hatte es gar nicht gern und die anderen Schafe auch nicht.

‚Wir müssten die Menschen einmal ganz nackt ausziehen und sie dann in den Regen stellen. – Das würde ihnen sicher auch nicht gefallen.‘

Leise kichernd machte es ‚Määhhh.‘

Das Schaf reckte seinen Kopf, um nach Isaak zu schauen. Es mochte den kleinen Jungen, der stets mit sanften Händen über ihre Köpfe strich. Am liebsten hätte das Schaf nur Isaak als Hirten; denn die anderen waren ab und zu ein wenig rauh oder ungeduldig, wenn eines aus der Reihe lief. Isaak lockte die Schafe mit sanften Tönen, das hatten alle gern. Sie kamen auch gleich herbei. Vor Pokko, dem Hund, hatten sie ein wenig Angst, der konnte schon einmal unsanft ins Bein zwicken, wenn man nicht bei der Herde blieb. Doch meistens wuchsen die köstlichsten Kräuter halt ein wenig weiter weg – das durfte man sich doch nicht entgehen lassen. Määh!

*Hinter dem 11. Türchen wacht:*
*Der Hüte-Hund*

Pokko, der Hüte-Hund der Schäfer, lag bei seiner Herde und spitzte die Ohren. Aufmerksam schauten seine klugen Augen umher und sahen jede noch so kleine Bewegung bei den Tieren. Seine Schafe waren in den letzten Nächten irgendwie unruhig gewesen – so als warteten sie auf etwas.

Pokko stand langsam auf und schaute angestrengt in die Nacht, die nicht so dunkel war, wie er es sonst gewohnt war. Strich dort hinten nicht ein Fuchs am Waldrand entlang? Ja, nun sah er ihn ganz deutlich und er ließ ein tiefes Knurren hören.

Am liebsten wäre er ja sofort dort hingesprungen, um den frechen Räuber zu verjagen, aber er musste bei der Herde bleiben, das hatte er gelernt. So ließ er nochmals ein warnendes Grollen tief aus seiner Brust ertönen – so dass sogar die Schafe unruhig wurden.

Schnell rannte er einmal um die Herde herum – da waren sie wieder still. Pokko ließ sich nieder, doch noch immer hielt er seine Augen offen.

Der alte Abraham, der ihn gehört hatte, kam herbei, schaute sich um und klopfte ihm beruhigend auf den Rücken. „Gut gewacht, Pokko", sagte er leise, „was immer es war, nun ist es scheinbar fort."

Zufrieden legte der Hund seinen Kopf auf die Vorderpfoten und schloss die Augen. Doch seine Ohren blieben aufgestellt, um auch das kleinste Geräusch aufzufangen.

Da ging auch Abraham wieder in den Stall zurück – nicht ohne noch einmal verwundert den großen Stern anzuschauen, der sein mildes Licht auf die Erde sandte.

*Hinter dem 12. Türchen jagt:*
*Die Füchsin*

Im Dunkel des Waldes blieb die Füchsin reglos stehen. Ihre bernsteinfarbenen Augen blickten hinüber zu den ruhenden Schafen. Sie wusste, dort gab es nichts zu holen: die Schafe waren zu groß als Beute – und außerdem wachte dort aufmerksam der große Hund. Sie fürchtete sich vor Hunden; denn einmal hätte sie beinahe ein riesiger Hund erwischt. Doch dann war der rettende Bau nahe gewesen. In die enge Röhre hatte der Hund sich nicht getraut, um nach ihr zu suchen. Stundenlang harrte er dort vor dem Eingang aus – doch irgendwann war er endlich verschwunden.

Vorsichtig nach allen Seiten sichernd, die Nase hoch in den Wind, zog die Füchsin sich in den Wald zurück. Ein ganz spezieller Geruch stieg ihr in die Nase. Sie schnüffelte: Ja, hier schlief ein Igel seinen Winterschlaf. Sie trabte weiter. Mit einem Igel sich anzulegen – nein, das hatte sie schon sehr früh gelernt – das brachte nur eine blutige Nase!

Ein Rascheln ließ sie erstarrt innehalten: Da – eine Maus – ein Sprung – und schon eilte die Füchsin mit ihrer Beute zurück zu ihrem Bau, wo ein hungriges Fuchskind sie erwartete.

Freudig sprang ihr der Kleine entgegen. Beide verschwanden tief unter der Erde. Nachdem der junge Fuchs gesättigt war, fraß sie die Reste. Dann schliefen beide aneinandergekuschelt ein.

*Hinter dem 13. Türchen liegt:*
*Das verletzte Schaf*

Das Schaf mit dem verletzten Bein schmiegte sich an das Schaf, das neben ihm ruhte. Ob wohl der Heiler-Zwerg diese Nacht wieder kommt? Sein Bein tat zwar nicht mehr so weh, doch so richtig konnte es damit noch nicht auftreten.

‚Warum wohl knurrt der Hund?‘, dachte es ängstlich. ‚Droht von irgendwo her Gefahr?‘ Doch dann war alles wieder still, bis auf die normalen nächtlichen Geräusche, die so eine Schafherde machte. Wiederkäuen, Schnauben, Blöken und ab und zu die leisen Zurufe der Schäfer. Das Schaf hob den Kopf. ‚War da nicht soeben eine weiße Taube über die Herde geflogen?‘ „Rucke-di-guu“, hörte das Schaf. ‚Ja, das war eine Taube.‘ Seufzend legte sich das Schaf so, dass das verletzte Bein geschont wurde.

Da, da war eine kleine Bewegung und vor ihm stand plötzlich der Heiler-Zwerg mit neuen

Kräutlein für das Bein. Und es war noch ein zweiter Zwerg mit ihm gekommen. Das Schaf kannte ihn schon, es war Schnurzel-Purzel, der gerne mit ihnen spielte. Doch noch konnte es nicht wieder herumtollen.

Vertrauensvoll schaute es den Heiler-Zwerg an und ließ sich einen neuen Verband machen. Und wieder legte der Zwerg seine Hände auf und murmelte dreimal den Heilerspruch. Schnurzel-Purzel sah ernst dabei zu. ‚Bald geht es dir wieder gut', lächelte er dann das Schaf an.

Dankbar schloss es die Augen und war gleich darauf wieder eingeschlafen. Die beiden Zwerge gingen wieder zurück und der Heiler-Zwerg deutete auf den Himmel. „Schau nur, wie groß dieser Stern ist!" Verwundert hob Schnurzel-Purzel den Kopf. „Aa, daher kommt dieser helle Schein." Er hatte gedacht, das ist er Mond – doch nun sah er, dass der Mond weitergewandert war. Was hatte das zu bedeuten? Nachdenklich gingen sie ihren Höhlen zu.

*Hinter dem 14. Türchen steht:*
*Das Reh*

Unter einem großen Baum am Rande des Waldes stand ein Reh und schaute aufmerksam in Richtung des alten Stalles. „Uhuu, Uhuu..." machte die Eule, die auf einem Ast dicht über ihm saß und vor Schrecken machte das Reh einen Satz.

„Entschuldigung", sagte die Eule mit ihrer tiefen Stimme, „ich wollte dich doch nur begrüßen!"

Das Reh schaute hoch: „Du hast mich mächtig erschreckt! Du weißt doch, dass ich vor jedem Geräusch die Flucht ergreife!"

Die Eule blinkerte mit ihren großen gelben Augen. „Tut mir leid", murmelte sie nochmals. Doch im Stillen freute sie sich. Sie erschreckte gerne die Tiere des Waldes mit ihren ‚Uhu'-Rufen.

Das Reh hatte sich wieder beruhigt und äste weiter. Dann hob es den Kopf. „Warum ist es so hell seit einigen Nächten?", fragte es die Eule. Eulen wissen nämlich immer alles.

„Schau zum Himmel", erklärte ihm wichtig die Eule, „da ist ein riesiger Stern zu sehen."

Das Reh schaute nach oben. „Oh", rief es entzückt aus, „wie schön ist dieser Stern! Noch nie sah ich einen so hell leuchten."

Die Eule putzte sich das Gefieder und plusterte sich auf: „Ja, ja, der Stern ist wirklich schön hell – ich kann jetzt nachts viel besser auf Mäusejagd gehen."

Oben im Baum raschelte etwas. Das Reh schaute beunruhigt hoch. „Ist das Eichhörnchen schon wach?", wollte es wissen.

„Ich weiß es nicht", seufzte die Eule, „ich hoffe, es turnt nicht wieder über meiner Höhle im Baum herum – das stört mich ungemein."

Das Reh schmunzelte: ‚Eulen haben ein sehr feines Gehör – alles stört sie, was irgendwie Lärm macht. Und Eichhörnchen machen oft Lärm.'

Noch einmal schaute das Reh zum Himmel und äste dann ruhig weiter.

*Hinter dem 15. Türchen schreitet majestätisch: Der Hirsch*

Lautes Röhren schallte durch den Wald. Die Schäfer schreckten aus ihrem Schlaf auf. „Es ist nur ein Hirsch", beruhigten sie einander. Auch der Hund Pokko stand sofort auf und sicherte seine Herde.

Der Hirsch kam majestätisch herbei und rief: „Hört, hört alle her: ich bin einem Menschenpaar begegnet, das unsere Hilfe braucht: Sie suchen eine Unterkunft, denn die Menschenfrau wird bald ihr Kind zur Welt bringen. Habt ihr eine Höhle frei? Wo können sie bleiben?"

Die Zwerge hatten seinen Ruf gehört und kamen angelaufen. „Bei uns ist kein Platz", riefen sie besorgt, „unsere Höhlen sind viel zu klein für Menschen."

Der würdige Heiler-Zwerg hob seine Hand: „Dort hinten in dem alten Stall könnten sie vorerst leben. Da ist es warm und es gibt Wasser in der Nähe."

Eine der Zwergenfrauen rief: „Wir könnten aus unseren Vorräten etwas abgeben, damit sie zu Essen haben."

Der große Hirsch nickte. „Das könnte vielleicht gehen. Die Schäfer könnten ihnen auch behilflich sein."

„Wann werden sie hier sein?", wollte die Eule wissen. Denn Eulen wollen immer alles wissen, wie ihr gehört habt.

„Sie werden vielleicht nach zwei Sonnenaufgängen hier ankommen, denn sie kommen nur sehr langsam voran."

Die Füchsin, die gerade auf Beutezug war, fragte verwundert: „Warum schlafen sie denn nicht in

Menschenhäusern drunten im Tal?"

„Es soll kein Platz mehr frei sein", schüttelte betrübt der Hirsch sein Geweih. „Niemand will sie aufnehmen."

Mitleidige Laute kamen von ringsum. „Geleite sie zum Stall", bat der Heiler-Zwerg, „wir werden für Nüsse und getrocknete Beeren aus unserem Vorrat sorgen."

Zufrieden trabte der Hirsch wieder in die Richtung, aus der er gerade gekommen war. Auf die Zwerge konnte er sich verlassen.

Der Stern erleuchtete ihm den Weg.

*Hinter dem 16. Türchen springt ungeduldig:*
*Ein junger Schafbock*

Die Sonne schien nun vom Himmel und die Schafherde rupfte das spärliche Gras, das aus der dünnen Schneedecke ragte.

Ein junger Schafbock sprang hierhin und dorthin, stieß mit seinen kleinen Hörnern hier in den Bauch eines Muttertieres oder dort in ein Hinterteil eines anderen Schafes. Unwillig blökten ihn die Schafe an, doch der junge Schafbock trieb es nur ärger. Sein Übermut war so groß, dass er sogar den Hüte-Hund Pokko anstupste.

Doch da war er an den Falschen geraten! Ein kurzes Bellen, ein ziemlich fester Biss ins Bein – und erschrocken suchte das junge Böckchen das Weite.

Kopfschüttelnd lachten die Schäfer. „So ein dummes Ding", brummte Abraham, „sich mit Pokko anzulegen."

Doch im nächsten Moment war alles vergessen und der Schafbock zwängte sich wieder mitten durch die Herde, hierhin und dorthin stoßend.

Doch plötzlich bekam er selbst einen kräftigen Stoss. Ein älterer Schafbock hatte nun genug von dem jungen Hüpfer und verpasste ihm kräftig eines mit seinen schon viel längeren Hörnern.

‚Aua! Das tat mächtig weh!‘ Erschrocken schlich sich der junge davon und tauchte in der Herde unter. Lammfromm, als sei überhaupt nichts gewesen, sah man ihn dann Seite an Seite mit den anderen fressen.

Doch so ganz nebenbei stupste er das neben ihm grasende Schaf – und schaute ganz harmlos nach der anderen Seite. Ein richtiger Lümmel eben!

*Hinter dem 17. Türchen flattert:*
*Die 2. Taube*

„Rucke-di-rucke-di-guuu, rucke-di-rucke-di-guuu!" Aufgeregt hörte man eine Taube rufen.
„Freundin, liebste Freundin, wo bist du! Ach, wäre ich doch nicht so dumm gewesen, einfach davon zu fliegen! Nun finde ich meine beste Freundin nicht mehr! Wo mag sie nur sein? Rucke-di-rucke-di-guuu!"

Der Zwerg Schnurzel-Purzel, der gerade dabei war, Tannenzapfen aufzusammeln, hörte dieses verzweifelte Rufen.

„Hallo", rief er hoch, „Täubchen, wen suchst du denn?" Die Taube kam heruntergeflattert und setzte sich auf einen Zweig dicht bei dem Zwerg. „Ich suche meine Freundin, sie ist einfach verschwunden. Wo mag sie sein? Hast du sie gesehen?"

Schnurzel-Purzel legte die Tannenzapfen

ordentlich auf einen Haufen. Er habe vor einigen Tagen eine Taube rufen gehört, erzählte er. „Wo", rief die Taube aufgeregt, „wo hast du sie gehört?" Nachdenklich zupfte der Zwerg an seinem Bart.
„Ich glaube, es war irgendwo in der Nähe des alten Stalles, dort, wo immer die Schafe schlafen."

„Oh danke, danke, Rucke-di-rucke-di-guuu!" Sie schwirrte ab und Schnurzel-Purzel trug nun die Zapfen zu den Zwergenhöhlen. Dort wurden sie von Zwergenkindern in Empfang genommen, die die Samen herauspulten. Einen Teil der Samen behielten die Zwerge, die anderen bekamen die Tiere des Waldes als Nahrung im Winter. Die leeren Zapfen ergaben gutes Brennmaterial für die Feuerstellen der Zwerge.

Die Taube flog – so schnell sie konnte – zum Stall. Und richtig, da kam ihre liebe Freundin ihr schon freudig entgegen geflogen. Aufgeregt gurrten sie miteinander und erzählten sich, was sie in der Zwischenzeit erlebt hatten.

„Wo warst du nur?", fragte die erste Taube vorwurfsvoll. „Nun ja", gurrte die zweite Taube. „Nachdem wir uns so um das Weizenkorn gezankt hatten und du es mir weggeschnappt hattest, flog ich in den Wald hinein. Dort traf ich auf den großen Hirsch und begleitete ihn eine Weile auf seinem Weg."

Die Taube nickte einig Male mit ihrem Köpfchen. „Und dann war er so weit von dem Wald fortgegangen, den ich kannte", gestand sie, „dass ich einfach bei ihm blieb, weil ich nicht mehr zurückfand." Die erste Taube nickte aufgeregt mit dem Kopf. „Und was geschah dann?" „Stell dir vor", gurrte die zweite Taube, „dann trafen wir auf einen Menschenmann mit seiner Menschenfrau, die sehr ratlos und voller Sorge waren, weil sie kein Haus gefunden hatten, das sie aufnehmen wollte." Die erste Taube schaute mit großen Augen. „Und dann? Rucke-di-guuu!"

„Dann hat der Hirsch die beiden Menschen ein

Stück des Weges begleitet, um sie ein wenig zu trösten. Er ließ sogar die Menschenfrau für eine Weile auf seinem starken Rücken reiten; denn sie wird wohl bald ein Kind zur Welt bringen – wie mir der Hirsch zuraunte. Rucke-di-rucke-di-guuu!"

„Rucke-di-guuu, rucke-di-guuu!" Die erste Taube flog aufgeregt auf und nieder. „Wie kam es denn, dass du doch hierher zurückgefunden hast?"

Köpfchen-nickend gurrte die 2. Taube: „Der Hirsch versprach den Menschen, sich nach einer Schlafstelle für sie umzuschauen, sie mögen doch hier unter diesem großen Baum ein wenig rasten. Dann ist er vorgelaufen und schaute, ob die Zwerge, die er im Wald kennt, einen Ausweg wüssten. Ich flog ganz schnell hinterher, denn ich wusste, nun würde ich wieder in unseren Wald kommen, um dich, liebe Freundin, wieder zu finden. Rucke-di-rucke-di-guuu!"

„Ich bin so froh, dass du wieder hier bist, Rucke-di-guuu! Nie wieder werden wir uns zanken. Ich habe dir auch etwas zu erzählen: Nachts leuchtet am Himmel ein riesiger Stern, hast du den schon gesehen?"

Beide Tauben schauten zum Himmel. Und siehe da, selbst bei Tag sah man diesen Stern. „Rucke-di-rucke-di-guuu!"

*Hinter dem 18. Türchen leuchtet herrlich:*
*Der Stern*

Im fernen Morgenlande lebte einst ein weiser König. Sein Name war Balthasar. Seit Wochen schon beobachtete er mit seinen sternkundigen Beratern, einen ganz besonderen Stern am Himmel. Von Nacht zu Nacht war sein Licht immer heller geworden und selbst der älteste seiner Sternendeuter hatte noch nie solch ein Licht am Himmel gesehen oder auch nur davon gehört. Tage- und nächtelang wurden alte Schriften gewälzt – doch nirgends fanden sie einen Hinweis auf solch ein Ereignis.

Balthasar sandte Eilbotschaften an zwei befreundete Könige, mit denen er sich immer wieder traf, um über Gestirne zu sprechen. Fast zur selben Zeit kamen Botschaften von seinen Freunden an, die genauso ratlos waren wie er selbst, über diese seltsame Himmelserscheinung.

Kaspar und Melchior, beide Könige in

benachbarten Reichen, schlugen vor, sich an dem Ort zu treffen, wohin das Licht dieses unglaublich großen Sternes fiel. Dort müsse etwas ganz Besonderes auf sie warten!

Vielleicht wird dort ein Welten-König geboren werden. Oder es findet eine Krönung statt?

Balthasar stand auf dem höchsten Turm seiner Wüstenburg und schaute hinauf zu diesem herrlichen Stern. Die Nacht war beinahe taghell. Weit konnte er schauen über die Wüstenlandschaft seines Reiches.

Ja, er würde dem Ruf dieses Sternes folgen, denn dass es ein Ruf war, das spürte er genau! So ließ er sein schnellstes Kamel mit den kostbarsten Geschmeiden, mit Myrrhe und Weihrauch, beladen und machte sich am nächsten Morgen auf den langen Weg, der ihm von dem Stern gezeigt wurde, um seine Freunde Kaspar und Melchior zu treffen. Er war voll freudiger Erwartung. Was war dort, wo der Strahl des Sternes hinfiel?

*Hinter dem 19. Türchen springt fröhlich:*
*Ein Rehbock*

„Hoppsa-ho,
Hoppsa-ho
ich bin so fröhlich
bin so froh!
Hoppsa-ho,
Hoppsa-ho!"

Der noch junge Rehbock sprang hier hin und dort
hin. Er freute sich des Lebens – einfach so!
„Mach nicht solch einen Lärm", beschwerte sich
die Eule.

„Alte Mecker-Eule, immer meckert sie!",
schnaubte der Rehbock und sprang ein wenig
weiter weg.

Mit kleinen Schritten kam seine Schwester, das
Reh, vorbei. „Du weißt doch", flüsterte sie ihm
zu, „die Eule hat ein sehr empfindliches Gehör."
Mit sanften Augen schaute sie ihn an.

„Hoppsa-ho,
Hoppsa-ho!",
sprang ihr Bruder fröhlich weiter. Plötzlich sackte sein Hinterfuß ein und er fiel beinahe um. „Siehst du", rief seine Schwester tadelnd, „beinahe hättest du dir ein Bein gebrochen." Verlegen schüttelte sich der Rehbock und schaute sich an, wo er hineingerutscht war. „Ein Hasenbau!" „Hast du den Hasen geweckt?", wollte das Reh wissen.

„Ich glaube nicht, da rührt sich nichts", meinte der Rehbock nach einer Weile. Nun schaute er genauer an, wohin er sprang – denn ein gebrochenes Bein – das war gar nicht lustig! Gerade jetzt im Winter.

„Hoppsa-ho,
Hoppsa-ho!"
‚Sicher macht ihn der helle Stern so munter', überlegte das Reh. Es fühlte sich auch ganz fröhlich. Selbst einige Zwergenkinder purzelten noch vor den Höhlen herum, obwohl doch eigentlich schon Schlafenszeit war.

*Hinter dem 20. Türchen erwacht:*
*Der Hase*

Nanu, was war denn das? Der Hase schreckte aus seinem Schlaf hoch und lauschte nach oben. Irgend etwas hüpfte auf seinem Bau hin und her. Es wird doch wohl nicht der Fuchs oder ein Hund sein?

Dann war es wieder still und der Hase schlich sich vorsichtig den Gang hinauf, um aus dem Loch zu schauen. Dann sah er es: es war nur ein übermütiger Rehbock, der fröhlich herumsprang.

„Hallo, hast du mich geweckt? Gibt es etwas Neues?"

„Hoppsa-ho", hörte der Hase. „Schau doch nur, die Nacht ist so hell, komm, spiel mit mir."

Der Hase kam nun ganz aus dem Loch. Ja, hüpfen und springen – das konnte er auch wunderbar. So sprangen die beiden nun um die Wette.

Die Eule verbat sich diesen unerhörten Lärm und sogar der Igel erwachte aus seinem tiefen Winterschlaf. Der Igel rief: „Wollen wir einen Wettlauf machen, lieber Hase?" Und er lachte sich kaputt dabei. Da jedermann weiß, wie ein Wettlauf zwischen Igel und Hasen ausgeht, wird man verstehen, dass der Hase höflich ablehnte.

„Lauf mit mir bis zum Stall", rief der Rehbock und sauste los. Das ließ sich der Hase nicht zweimal sagen und wie der Blitz sauste er dem Rehbock hinterher. Das helle Licht vom Stern leuchtete ihnen. (Es ist noch zu berichten, dass der Hase durch Schummeln Sieger wurde; denn er kannte eine Abkürzung und war vor dem Rehbock auf der Wiese vor dem Stall.)

Doch beide sausten wie der Blitz zurück in den Wald, denn Pokko, der Hütehund, war ihnen auf den Fersen. Das war hier sein Revier, hier hatten die Tiere des Waldes nichts verloren.
„Wau", „wau!"

*Hinter dem 21. Türchen lacht:*
*Das Eichhörnchen*

Das Eichhörnchen hatte mit Vergnügen dem Wettlauf zwischen Hase und Rehbock zugeschaut. Über die Schummelei des Hasen lachte es am meisten. Es war nämlich den beiden vom Baum zu Baum gefolgt, ohne, dass diese das bemerkt hatten. Doch es verriet den Hasen nicht. ‚Kleine Tiere müssen zusammenhalten‘, dachte es.

Die Eule, die unter dem Eichhörnchen ihr Nest hat, schlug empört mit ihren Flügeln. ‚Nun auch noch das Eichhörnchen‘, dachte sie grummelnd.
‚Hat man denn nie Ruhe hier?‘ Seitdem dieser helle Stern am Himmel stand, war nichts mehr hier im Wald, wie es einmal war – sogar der Igel war aus seinem Winterschlaf erwacht!

Das Eichhörnchen ließ sich vom Gegrummel der Eule nicht aufhalten. Fröhlich turnte es die Bäume rauf und runter und ließ dabei eine ganze Ladung Schnee auf den Igel fallen. „Das sieht aber hübsch aus", rief eine Zwergenfrau, die gerade vorbei kam, denn der Schnee glitzerte im Licht des Sternes wie mit Diamanten besetzt, auf den Stacheln. Der Igel stolzierte eine Weile hin und her – doch dann schmolz die Pracht auf seinem Rücken und er wurde auch müde. So verkroch er sich wieder in sein Bett aus Blättern und Gras. Aber so richtig schlafen – daran war nicht zu denken. Was war nur los hier im Wald?

Das Eichhörnchen besuchte die Zwerge und ließ die Zwergenkinder auf seinem Rücken die Bäume rauf und runter reiten – da schrien sie vor Begeisterung – doch besorgt schauten die Zwergenmütter. „Haltet euch bloß gut fest", riefen sie – und hofften, dass alles gut gehen würde.

Gerade spazierte die Fuchsmutter mit ihrem Jungen vorbei und einige Zwergenkinder sprangen nun auf den Rücken der Füchsin. Seufzend, mit ihren großen gelben Augen plinkernd, flog die Eule tiefer in den Wald hinein. Sie hatte nun endlich genug von all dem Lärm, denn nun kam nämlich auch noch der Rehbock angesprungen und wollte mitspielen.

Kopfschüttelnd war der Heiler-Zwerg vor seine Höhle getreten. ‚Das Licht des Sternes macht alle (na, fast alle) fröhlich', dachte er. Lächelnd schaute er dem Spiel des Eichhörnchens zu.

*Hinter dem 22. Türchen ruft:*
*Der Hirte Daniel*

Der Hirte Daniel war ganz aufgeregt. Gerade kam er zurück von der Stadt Bethlehem. „Kommt und hört, was ich erfahren habe", rief er den Hirten Abraham und Jeremiah und dem kleinen Isaak zu. Alle kamen gelaufen. „Was ist los? Was hast du gehört?"

Daniel fuchtelte mit seinem Schäferstock herum. „Viele, viele Menschen sind nach Bethlehem gekommen, um sich in die Geburtsregister eintragen zu lassen!" „Das wissen wir doch schon", winkten die anderen Schäfer ab, „das ist doch nichts Neues!"

„Ja, ja, ich weiß", entgegnete Daniel, „aber es geht die Kunde, dass in den nächsten Nächten etwas ganz Besonderes geschehen wird: Es soll ein König geboren werden, erzählen die Leute."

Die Schäfer staunten. „Ein König soll geboren

werden? Wer sagt das? In welchem Palast soll er zur Welt kommen? Wird er unser neuer Herrscher?"

Der Schäfer Daniel strich sich über seinen grauen Bart. „Das weiß ich nicht so genau", sagte er langsam „und die Menschen in Bethlehem wissen es auch nicht. Aber drei alte Schäfer seien in die Stadt gekommen und hätten erzählt, dass ihnen Lichtgestalten erschienen wären und von der baldigen Geburt eines Königs berichtet hätten."

„Lichtgestalten?", fragte der kleine Isaak und die beiden anderen Schäfer schauten auch ratlos.
„Was sind Lichtgestalten?" Daniel zupfte aufgeregt an seinem langen Bart. „Ich weiß es auch nicht, ich weiß es auch nicht! Was mag das alles bedeuten?" Dann schauten alle gleichzeitig hoch zu diesem hellen Stern, der geradewegs über ihnen stand. „Hat dieser Stern vielleicht etwas damit zu tun?", fragten sie aufgeregt. Geheimnisvoll funkelte die Nacht und gab keine Antwort.

*Hinter dem 23. Türchen wartet:*
*Der Schäfer Jeremiah*

Der Schäfer Jeremiah stand am Rande des Waldes und wartete auf den Hirsch, der das Menschenpaar zur Scheune begleiten wollte.
„Uhuuu", rief die Eule und der Schäfer schrak zusammen. Er kannte eigentlich die Laute des Waldes – doch der Eulenschrei ließ ihn zusammenzucken.

Die Eule freute sich, weil sie wieder einmal jemanden erschrecken konnte und flog mit ihren riesigen Schwingen dicht an Jeremiah vorbei.
„Uhuuu", rief sie mit ihrer tiefen Eulenstimme und blinkerte mit ihren großen gelben Augen den Schäfer an.

‚Es ist ja nur die Eule', beruhigte sich Jeremiah, er wurde langsam ungeduldig, weil er noch nichts von dem Menschenpaar sah.

Doch dann raschelte es und aus dem Dickicht trat

der Hirsch. Er hatte einen Weg geebnet für die beiden Menschen, die nun hinter ihm aus den Wald kamen. Die Frau stützte sich schwer auf dem breiten Rücken des Hirschen und fürsorglich hielt sie auch der Mann.

„Willkommen", rief Jeremiah, „willkommen bei uns! Wir haben noch Platz in der alten Scheune." Der Mann nickte ihm zu und die junge Frau lächelte ihn mühsam an. Der Schäfer sah, dass sie wohl kurz vor der Geburt eines Kindes stand und sprang sogleich hinzu, um ihr behilflich zu sein. Der Hirsch nickte den Menschen mit seinem Geweih zu und trabte zurück in den Wald.
„Danke, lieber Hirsch!", wurde ihm noch nachgerufen und zufrieden verschwand er zwischen den Bäumen.

Endlich erreichten sie den Stall, der von dem riesigen Stern erleuchtet wurde. Das junge Paar bedankte sich herzlich bei dem Schäfer Jeremiah und richtete sich – so gut es ging – in dem Stall ein Lager aus Heu und Stroh her. Sie waren dankbar für die Wärme, die vom Ochsen und dem Esel ausging. Für ihren Hunger fanden sie, unbemerkt von den Zwergen gebracht, Nüsse und getrocknete Waldbeeren vor.

Erschöpft sanken sie in den Schlaf und Jeremiah ging leise fort, um seinen beiden anderen Schäfern von ihrer Ankunft zu erzählen.

„Bald wird hier ein Kind zur Welt kommen", rief er ihnen zu und sammelte ein wenig Wolle, damit seine Mutter ihm ein weiches Bett bereiten konnte.

*Endlich darf geöffnet werden:*
*Das große Tor zum Stall von Bethlehem*

Der Heilerzwerg Huppeldrum in der Zwergenhöhle weckte nach und nach alle seine Mitbewohner. „Steht auf, kommt herbei, etwas Wunderbares ist heute Nacht geschehen."

Den Zwerg Schnurzel-Purzel schickte er sogleich nach draußen und trug ihm auf, die Tiere des Waldes zu wecken. So schnell ihn seine Beine trugen, rannte der kleine Zwerg zur Eule, denn als älteste Waldbewohnerin stand es ihr zu, zuerst eine wichtige Nachricht zu erhalten.

Die Eule hörte sich alles mit großen Augen an und schlug mit den Flügeln. „Ich wusste es doch!", murmelte sie. „Ich wusste es doch, dass sich etwas Besonderes ereignen würde!" Sie flog los, um laut rufend die Nachricht zu verbreiten.

„Kommt alle zum Stall, kommt alle zum Stall. Ein Wunder ist geschehen."

Der Hase in seinem Bau schreckte hoch, putzte sich seine langen, seidigen Ohren und kam hervor. Ohne Angst trommelte er auf dem Fuchsbau herum und rief die Füchsin mit ihrem Jungen. Dann sprang er schnell zum Winterquartier des Igels und trommelte auch ihn aus dem Schlaf. Der Igel streckte seine Nase durch die Blätter: „Was ist los?", doch der Hase war schon weiter gehoppelt.

Das Eichhörnchen bekam die ganze Aufregung erst gar nicht mit, doch dann schaute es – von dem Lärm geweckt – doch aus seiner Baumhöhle und war wie der Blitz herabgesaust. Es sah nämlich den Hirsch, die Rehe, die Füchse, den noch halb schlafenden Igel und alle Zwerge durch den Wald in Richtung des alten Stalles laufen. Da durfte es doch nicht fehlen.

„Rucke-di-gu! Rucke-di-rucke-di-guuu!", hörte man die beiden Tauben, die sich gerade im Gebälk des Stalles niederließen. Sogar die Schafe drängten sich um den Eingang und Pokko, der

Hütehund, hielt sie nicht zurück!

Der Mond, der gerade über der Wiese stand, schaute sich das Gewimmel von oben an. Er war kaum zu sehen im Glanz des herrlichen Sternes, der auch sein Licht nach unten sandte, doch das machte ihm nichts aus.

„Dieses ist eine heilige Nacht", raunten die Zwerge einander zu; denn alle Tiere saßen dicht beieinander, auch die, die sonst voreinander Angst haben. Doch heute war alles anders.

Alle Augen richteten sich auf die Futterkrippe, in der ein neugeborenes Kind lag und alle anlachte. Die Eltern dieses Kindes schauten erstaunt und verwirrt auf die sie umgebenden Tiere. Die Schäfer fanden keinen Platz mehr im Stall, sie schauten von draußen herein und freuten sich über das junge Leben dort in der Krippe. „Wo ist Isaak", fragte Abraham und leuchtete mit seiner Laterne umher. „Ich habe ihn doch gestern mit einem Teil der Herde auf die obere Weide geschickt", erwiderte Jeremiah, „da ist der Schnee ein wenig geschmolzen und die ersten Kräuter sprießen."

„Ach ja", erinnerte sich der alte Abraham wieder, „morgen kommt er wieder, dann kann auch er das liebliche Kind begrüßen."

Verwundert betrachteten die Schäfer all die Tiere des Waldes, die sie noch nie zuvor so friedlich beieinander gesehen hatten. „Das ist eine heilige Nacht", flüsterten auch sie sich ehrfürchtig zu.
„Da, schau doch nur, der Stern steht jetzt gerade über diesem Stall. Der Himmel segnet dieses Kind."

Und es schien ihnen, als ob sie die Engel singen hörten:

„Friede auf Erden, und den Menschen ein Wohlgefallen!"

# Der Hirtenjunge Isaak

# Ein Weihnachts-Märchen

# Von Christa Garbe

Dies ist die Geschichte von Isaak, dem Hirtenjungen. Er war Waise; denn seine Eltern waren durch eine Krankheit ums Leben gekommen. Der Schäfer Jeremiah und seine Frau erbarmten sich des kleinen Jungen und nahmen ihn auf. Doch diese Menschen waren auch sehr arm und die Hütte, in der sie mit ihren sechs eigenen Kindern lebten, war klein. Still fügte sich Isaak in sein Schicksal. Er wurde viel herumgeschubst und an die Seite gedrückt von den lauten Kindern der Familie. Oftmals, wenn die Mutter gerade nicht hinschaute, nahmen sie ihm auch das Essen fort, das karg genug war.

Isaak versuchte sich nützlich zu machen, wo es nur ging. Er suchte draußen Holz für den Herd, bewachte die wenigen Hühner und achtete darauf, dass kein Ei verloren ging. Er fegte den Boden, mit dem für ihn riesigen Besen und er erfüllte, so gut es ging, die Wünsche seiner Stiefgeschwister, die ihm alle lästigen Arbeiten übertrugen, die sie selbst nicht machen wollten.

Je größer Isaak wurde, desto größer wurden natürlich auch die anderen Kinder und um so weniger Platz war zum Schlafen in der Hütte.

Als Isaak sechs Jahre alt war, nahm ihn sein Stiefvater mit zu den Schafen, die er zusammen mit zwei Schäfern hütete. Isaak war zum ersten Mal in seinem Leben glücklich. Schafe liebte er sehr und er kannte jedes einzelne beim Namen.

Auch durfte er jetzt draußen schlafen, unter freiem Himmel, dicht bei der Herde. Er liebte das nächtliche Sternenzelt und schaute es immer wieder an. Sicher waren seine Mutter und sein Vater dort oben und sahen auf ihn herunter. Er fühlte sich dann wunderbar getröstet und schlief ruhig bei der Herde.

Der Hund Pokko gehorchte ihm bald aufs Wort und so überließ Jeremiah dem Jungen mehr und mehr die Verantwortung für die Herde. Er fand Gefallen an seinem stillen Stiefsohn, der fleißig an seiner Seite half. ‚Ach, wären doch meine eigenen Söhne so wie Isaak‘, dachte der Schäfer oft seufzend. Doch diese trieben sich mehr und mehr in Bethlehem herum, um dort schnell einige Münzen zu verdienen und sie genau so schnell wieder auszugeben.

Wurde das Wetter schlechter, trieben die Schäfer mit Hilfe von Isaak und Pokko die Herde auf eine Weide, auf der ein alter Stall stand. So hatten sie und der Junge eine Unterkunft für die Nacht. Dieser Stall gehörte dem reichsten Bauern in der Stadt. ‚Er könnte wirklich einmal das Dach reparieren lassen‘, dachten die Schäfer oft murrend, denn bei starken Regenfällen tropfte es überall durch. ‚Doch es ist besser, als im Freien zu schlafen‘, überlegten sie.

Dieser Stall diente auch als Unterkunft für einen Esel und einen Ochsen, die beide schon sehr alt waren und nur noch selten für die Feldarbeit geholt wurden. Isaak hatte den Bauern sagen hören, dass es an der Zeit wäre, die beiden zu schlachten. Viele Menschen kämen ja jetzt in die Stadt und das Fleisch könnte man teuer verkaufen. Ochs und Esel zitterten, als sie das hörten und drängten ihre Leiber Trost suchend aneinander.

Isaak schlief am liebsten in der Futterkrippe, denn nachts zupften die Tiere keine Halme heraus. Er holte sich dann abends vom Heuboden einen Arm voll Heu und schlief in diesem duftenden Bett.

Ihm taten die beiden alten Tiere leid, und so hatte er es sich angewöhnt, jeden Morgen die Futterkrippe zu füllen; denn kaum jemand kam her und kümmerte sich um die beiden. Auch den Wassertrog füllte er für sie, sowie er leer getrunken war.

So war also die Zeit gekommen, in der alle Menschen des Landes sich in der Stadt ihrer Geburt registrieren lassen mussten. Von überall zogen die Familien heran und Isaak staunte, wie viele Menschen in die Stadt Bethlehem kamen. Von seiner Weide aus konnte er gut die Wege in die Stadt einsehen, auf denen ein ununterbrochener Strom von Menschen floss. Wo sie nur alle herkamen?

Es kamen Menschen in Sänften getragen, mit vielen Bediensteten, mit Gold und Edelstein geschmückt, sie kamen auf Eseln geritten oder auf Karren sitzend, von Ochsen gezogen; oder sie hielten ein Bündel in der Hand und kamen zu Fuß. Isaak schaute und schaute. Besonders ein reicher Mann mit vielen Bediensteten nahm seine Blicke gefangen. So etwas hatte er in seinem Leben noch nicht gesehen! Gebannt hing sein Blick am Gefunkel der Edelsteine und dem zur Schau gestellten Reichtum. Isaak wanderte mit seiner Herde langsam näher, um ja nichts zu verpassen. Er hatte sich nie vorstellen können, dass etwas heller funkeln könnte als die Sterne. Doch nun sah er die Edelsteine an der Kleidung des reichen Mannes in allen Farben des Regenbogens blitzen. „Ach", seufzte er, „was gäbe ich für einen einzigen dieser Steine."

Die Karawane des reichen Mannes war weitergezogen und Isaak starrte noch lange hinterher, bis er sie nicht mehr sehen konnte. Er träumte mit offenen Augen. ‚Müssen diese Menschen glücklich sein', dachte er sehnsüchtig. Er sah sich selbst in solch einer Sänfte sitzen, geschmückt mit Gold und Edelsteinen, getragen von kräftigen Dienern.

Mehr und mehr Menschen zogen in die Stadt. Isaak ging ganz nah an die staubige Straße heran und bestaunte alle, die vorbeikamen. Da und dort winkte ihm ein Kind zu oder kam heran, um eines der Schafe zu streicheln. Doch schnell mussten sie wieder fort, denn die Erwachsenen zogen weiter. So viele Menschen hatte der kleine Hirtenjunge noch nie in seinem Leben gesehen. Besonders bestaunte er wieder und wieder die kostbar Gekleideten, die oft auf edlen Pferden ritten. Für die Armen interessierte er sich nicht all zu sehr, da gab es nichts Besonderes zu sehen.

Isaak hatte nun genug geschaut und wollte sich schon wieder nach oben wenden. Da blitzte etwas auf der Straße in der Abendsonne. Er drehte den Kopf hin und her und schaute aus zusammengekniffenen Augen genau hin. Was war dort?

Er sprang schnell über den Zaun und bückte sich. Da lag in seiner Hand ein zart hellblau funkelnder Stein, in dem sich vielfach das Abendlicht brach. Überwältigt starrte der Junge den Stein an. Ein Edelstein, ein richtiger Edelstein! Und er hatte ihn gefunden!

Er schaute sich um – doch niemand war im Moment zu sehen. Was sollte er nun tun? Sein erster Impuls war, in die Stadt zu laufen, um seinen Fund dem Besitzer zurück zu geben. Er hatte nämlich noch nie etwas behalten, was ihm nicht gehörte. So hatten es ihn seine Eltern gelehrt. Doch zu wem sollte er gehen? Verzagt schaute er den Stein an. Niemals würde er in der überfüllten Stadt den rechtmäßigen Besitzer finden!

Doch dann hielt er inne: War dieses vielleicht ein Geschenk des Himmels für ihn, den armen verwaisten Hirtenjungen? So etwas würde er sicher niemals wieder bekommen.

Glücklich barg er den Fund in dem Beutel, den er um den Hals trug. Sein Stiefvater war heute nicht bei der Herde. Er war in die Stadt gegangen, um zu schauen, ob er sich nicht mit irgendwelchen Arbeiten bei den Fremden verdingen könnte, um für die Familie ein paar Münzen zu verdienen.

Im Laufe des Abends holte Isaak immer wieder den Stein hervor und ließ ihn im letzten Sonnenlicht funkeln. Wie herrlich schön er war! Das Bellen des Hundes rief ihn in die Gegenwart zurück, schnell verstaute er den Stein und ging wieder seiner Arbeit nach. Er war so glücklich, endlich war ihm, dem armen kleinen Isaak, ein

Schatz in die Hände gefallen.

Besorgt überlegte er, wo er den Stein verstecken könne, um ihn vor den anderen Kindern der Familie zu schützen. Da fiel ihm der alte Stall ein. ‚Ja, da würde ihn niemand finden. Dort würde er seinen kostbarsten Schatz, den er in seinem Leben besessen hatte, verstecken.‘ Fröhlich singend verbrachte er die nächsten Stunden. Immer wieder schaute er zu den Wegen hin, die in die Stadt führten, aber es kamen keine prächtigen Sänften mehr. Nur noch wenige Menschen ritten auf Eseln oder strebten zu Fuß der Stadt zu.

Spät am Abend kam ein einzelnes Paar sehr, sehr langsam heran. Beschützend stützte der Mann seine Frau. Isaak wandte sich desinteressiert ab und trieb die Herde langsam in Richtung auf den alten Stall.

Als Isaak mit seiner Herde dort ankam, holte er zunächst Futter für die beiden alten Tiere, die ihn freudig begrüßten. Bevor er das Futter in die Krippe füllte, kam ihm eine Idee. Er fühlte den Boden der Krippe ab und fand eine kleine Vertiefung zwischen den Brettern. ‚Ja, das ist ein guter Platz, dort würde niemand seinen Schatz finden', dachte Isaak bei sich.

Er schaute sich verstohlen um: Niemand war hier, nur der Ochse und der Esel, die ihn erwartungsvoll anschauten. Er holte den Stein aus seinem Beutel und rieb ihn blank. Selbst hier, in dem dämmrigen Stall, leuchtete dieser hellblaue Stein wunderschön. Isaak konnte sich kaum von diesem Anblick losreißen. Noch ein letzter Blick und dann versenkte er das blitzende Ding in die tiefe Ritze. Er stopfte noch einige Halme Heu hinein und schaute sich das Ergebnis an: ,Nein, niemals könnte hier jemand seinen Schatz finden.'

Schnell füllte er die Futterkrippe mit Heu, holte Wasser für den Trog und streichelte die beiden Tiere, die sich schon über das Futter hergemacht hatten. ,Fresst mir bloß nicht meinen Edelstein weg', dachte er. ,Doch nein', beruhigte er sich, ,tief verborgen in den Brettern kann ihm nichts passieren.'

Dann trieb er wieder seine Herde auf den Hügel. Beglückt starrte er vor dem Einschlafen in den Sternenhimmel und dankte Gott aus tiefstem

Herzen für dieses unerwartete Geschenk. Isaak war fest davon überzeugt, dass Gott ihm dieses herrliche Geschenk gemacht hatte – denn nur Er allein kann solch ein Wunder vollbringen. Für den armen Waisen Isaak war dies ein solches Wunder.

Am anderen Morgen wachte Isaak früh auf. Luftsprünge machte er vor Freude, als er an seinen Schatz dachte. Die Schafe starrten ihn verblüfft an und Pokko umsprang ihn bellend. Solch einen lustigen Isaak hatten sie ja noch nie gesehen. Fröhlich vor sich hin pfeifend tat er seine Arbeit bei der Herde. Er hatte nun einen Schatz. Niemand konnte ihm diesen fortnehmen.

Noch drei Jahre, nahm er sich vor, drei kurze Jahre werde ich hier bleiben, dann hole ich mir meinen Stein, gehe in die Stadt und verkaufe ihn. Dann werde ich mir gute neue Kleider kaufen – er sah an seinen zerschlissenen Sachen herab, die bereits von den anderen Kindern in der Familie jahrelang getragen waren – dann suche ich mir eine Arbeit bei einem reichen Kaufmann.

Gegen Abend zog ein schweres Unwetter heran und Isaak führte die Herde in die Nähe des alten

Stalles. Er war allein gelassen worden, denn sein Stiefvater war mit den beiden anderen Schäfern in die Stadt gegangen, in der es von Fremden nur so wimmelte. Vielleicht konnten sie heute einige Münzen extra verdienen.

Als Isaak den Stall betrat, hielt er überrascht inne. Ein Mann und eine Frau lagen im Heu bei dem Ochsen und dem Esel. Zwischen ihnen stand die Futterkrippe und dort bewegte sich etwas. Isaak blieb fast das Herz stehen. Was lag dort in der Krippe? Schnell lief er näher.

Die Frau hatte seine leichten Schritte gehört und richtete sich auf. „Pst", flüsterte sie und legte den Finger auf den Mund. Sie lächelte Isaak an und beugte sich über die Krippe. Auf Zehenspitzen kam der Junge herbei und sah ein neugeborenes Kind in der Futterkrippe liegen. „Es ist heute geboren", flüsterte die Mutter glücklich, „schau doch nur, ist es nicht wunderschön?" Isaak dachte nur an seinen Schatz, der dort verborgen lag und nickte zögernd. Für ihn sah das Kind aus wie jedes Neugeborene. Das Gesichtchen etwas verschrumpelt und die Augen fest geschlossen.

Mit an den Bäckchen gedrückten Fäusten schlief das Kleine tief und fest. „Es ist ein Junge", lächelte die Mutter stolz. Isaak blickte zu dem schlafenden Mann. „Das ist Joseph", flüsterte die Frau „und mein Name ist Maria. Wir sind nach Bethlehem gekommen, in die Geburtsstadt Josephs, um uns registrieren zu lassen."

„Warum seid ihr nicht in einer Herberge?", fragte der Junge erstaunt. Maria schüttelte betrübt den Kopf. „Alles war voll, nirgendwo fand sich für uns ein Plätzchen zum Schlafen." Sie seufzte schwer. „Und dann stand auch die Geburt bevor." Dann lächelte sie. „Ein Hirsch hat uns den Weg zu diesem Stall gezeigt, wo wir endlich Unterkunft fanden und ich mein Kind zur Welt bringen konnte." Glücklich beugte sie sich über die Krippe und zupfte das Laken zurecht. Tief und friedlich schlief das Kind.

„Woher kommst du?", wollte Maria wissen. Isaak erzählte ihr leise, dass der Stall für ihn und die Schäfer bei schlechtem Wetter als Unterkunft diene und er immer abends den beiden Tieren hier Futter bringe. Dass die Futterkrippe, in der jetzt das Kindlein lag, sein Schlafplatz war, verschwieg er. Er konnte doch das neugeborene Kindlein nicht vertreiben.

So lächelte er Maria zu und verkroch sich in einem Haufen Heu, nachdem er den beiden Tieren noch Futter direkt auf die Erde gelegt hatte. Die Mutter war schon wieder eingeschlafen und nochmals trat Isaak zu der Krippe.

Das Kind hatte nun seine Augen aufgeschlagen und lächelte den Jungen an. Isaak blieb wie vom Blitz getroffen stehen und erstarrte. Niemals hatte er solche Augen gesehen! Tief in sein einsames Herz schienen sie voller Liebe zu schauen und zum ersten Mal in seinem Leben spürte er von einem anderen Wesen ein überwältigendes Mitgefühl mit seinem Schicksal als Waise auf dieser Welt. Er schwankte von diesem Gefühlsansturm und hielt sich an der Krippe fest. Die Tränen strömten ihm über die Wangen und wuschen all den Schmerz fort, den er tief im Herzen vergraben hatte, all das Leid der letzten elternlosen Jahre floss aus ihm heraus.

Und das Kind lächelte ihn wundersam an, so als

ob es alles verstehen konnte, was ihn bewegte. Isaak schloss die Augen, aus denen noch immer lautlos die Tränen strömten. Ihm war, als würden ihn Mutter und Vater liebevoll umarmen und allen Kummer von seinen Schultern nehmen. Der Junge weinte, wie er noch nie in seinem Leben geweint hatte, jetzt aber nicht vor Kummer, sondern vor Erleichterung.

Aller Zorn, alles Leid floss mit den Tränen fort, er fühlte sich auf einmal nicht mehr einsam und verlassen, sondern voller Liebe umfangen. Durch einen Schleier seiner Tränen sah der Junge, wie ihn das Kind anlächelte und sein Händchen hob, um ihm über die Wange zu streicheln.

Endlich versiegten die Tränen und ein heißes Glücksgefühl breitete sich in ihm aus. Es war ein ganz anderes Glücksgefühl als am Tage vorher, als er den Edelstein gefunden hatte und er glaubte, vor Glück zu zerspringen. Nein, dieses hier war ein anderes Gefühl – so, als ob das Herz ganz weit würde und es die ganze Welt umarmen möchte. Behutsam nahm er das winzige Händchen in seine und hielt es zart.

Plötzlich wurde ihm bewusst, dass der Himmel seine Schleusen weit geöffnet hatte und es anfing, heftiger und heftiger durch das undichte Dach zu tropfen. Besorgt schaute Isaak auf das Kind.

„Tropf, tropf", machte es von oben auf die feine Stirn, „tropf, tropf", immer mehr und mehr. Fest schliefen die Eltern dieses kleinen Kindes und Isaak hatte nicht das Herz, sie zu wecken, so erschöpft wie sie waren!

So kletterte der Junge vorsichtig in die Krippe, legte sich neben das Kind und hielt schützend seinen Mantel, der an vielen Stellen zerrissen war, über das Kind. Ihn störte es nicht, dass er nun all die durchgeregneten Tropfen abbekam, es war ihm gleichgültig, ja er spürte sie nicht einmal. Immer wieder musste er das Kind anschauen, das ihm ein solches Glücksgefühl geschenkt hatte. Isaak schüttelte verwundert den Kopf. Was war nur geschehen? Wie war es möglich, dass er keinen Kummer mehr spürte? Selig hätte er singen können, so erfüllt war er mit unendlicher Liebe. Er betrachtete zärtlich das nun wieder schlafende Kind unter dem Schutz seines dünnen

Mantels. Es war ihm, als ob von diesem Kind ein Leuchten ausging, das ihn unendlich froh werden ließ. ‚Ach', dachte er bei sich, ‚was kann ich tun, um diesem kleinen Kind eine Freude zu machen? Soll ich ihm eine Puppe schnitzen – das konnte er nämlich gut – oder Wolle von meinen Schafen sammeln für ein weiches Kissen? Oder soll ich ihm ein Lied vorsingen oder pfeifen? Nein', entschied er sich, ‚das würde die Eltern wecken.'

Ochs und Esel rührten sich leise. Ihr warmer Tiergeruch wehte herüber. Der Esel scharrte ein wenig mit den Hufen und der Ochse schaute aus großen ruhigen Augen herüber. „Psst, seid leise", flüsterte der Junge.

Bis auf den Regen, der auf das Dach trommelte, war es ganz still.

Plötzlich fuhr der Junge aus seinem leichten Schlummer hoch. Ja, natürlich, er hatte doch ein wunderbares Geschenk für dieses Kind: seinen funkelnden hellblauen Edelstein. Nicht einen Augenblick zögerte Isaak und dachte darüber nach, was er doch alles mit diesem Stein machen wollte – kein Gedanke mehr an sein neues Leben, das er sich damit erkaufen wollte.

Er wollte diesem Kind das größte Geschenk machen, das er machen konnte: seinen einzigartigen Schatz wollte er ihm schenken. ‚Die Eltern sind sicher ärmer als ich‘, dachte er und begann vorsichtig, unter dem Heu nach dem Stein zu forschen.

Das Kind war wieder erwacht, als es die Bewegung spürte und lächelte Isaak lieblich an. Da, da hatte er die Ritze ertastet und zog den funkelnden Stein hervor. Er hielt ihn dem Kind vor die Augen.

„Das möchte ich dir schenken“, flüsterte Isaak, „das ist mein größter Schatz, den ich im Leben je besessen habe und du sollst ihn haben.“

Das Kind schaute ihn wieder mit diesen tiefen, liebenden Blicken an und streckte sein Händchen nach dem hellblauen Gefunkel aus. Ohne einen Moment zu zögern, legte der Junge den Edelstein in die Hand dieses wundersamen Kindes. Fest schloss sich das kleine Fäustchen um den Stein.

‚Danke‘, schienen diese ausdrucksvollen Augen zu sagen und der Junge fühlte wieder dieses unglaubliche Glücksgefühl. „Danke", flüstert nun auch er. Sein Herz schien vor Freude zu zerspringen.

Vorsichtig stieg er aus der Futterkrippe, denn der Regen war vorbei. Glücklich sah er, dass das Kind fast trocken geblieben war und nun, den Edelstein fest im Fäustchen verborgen, lächelnd eingeschlafen war. Zufrieden kuschelte sich nun auch Isaak in einen Heuhaufen und schlief glücklich ein.

Sehr früh am Morgen – die junge Familie schlief noch – ging Isaak leise hinaus zu seinen Schafen. Schwanzwedelnd begrüßte ihn Pokko und mit ihm trieb er seine Herde auf den Hügel. Jubelnd stieg seine junge Stimme in den frühen Morgen und weckte alle Vögel der Umgebung, die fröhlich zwitschernd in seinen Gesang einfielen. „Welch ein wunderbarer Tag ist heute", sang der Junge. Selbst die trägen Schafe schienen heute vor Freude zu springen und Pokko bellte vergnügt.

Aufmerksam ging Isaak alle Zäune ab und suchte sie nach der abgestreiften Wolle der Schafe ab. Abends dann hatte er so viel davon beisammen, dass ein kleines Kissen entstand. Dieses brachte er dem Kinde mit. Die Eltern begrüßten ihn freundlich und freuten sich sehr über das weiche Geschenk, das er verlegen in den Händen hielt.

In den nächsten Tagen kamen mehr und mehr Menschen in den alten Stall, um das Kind anzuschauen, denn seine Geburt hatte sich herumgesprochen. Und jeder brachte der armen Familie etwa mit: Tücher und Windeln, etwas Brot und Käse, einen Becher Wein, etwas Hirse und kleine selbst hergestellte Spielsachen. Doch wann immer Isaak den Stall betrat, hatte das Kind noch immer seinen Stein in der Hand und hielt ihn lächelnd fest.

„Es ist ein besonderes Kind", flüsterten die Leute ehrfürchtig miteinander. ‚Das ist ein besonderes Kind', dachte Isaak, ‚ich habe es deutlich gespürt.' In den klaren Nächten lag der Junge oft wach und schaute in den Sternenhimmel. Seit Tagen verfolgte er den Weg des größten Sternes, den er je sah. Und dieser Stern schien jede Nacht größer und größer zu werden und schien näher zu kommen. ‚Dieser Stern soll das kleine Kind beschützen', dachte der Junge und war froh über diesen Gedanken.

Unter den Hirten in der Umgebung machte sich Sorge breit. „Was hat das alles zu bedeuten?"

„Lichtgestalten sind erschienen", erzählte einer der ganz alten Hirten, „und haben gesungen: „Der Herr ist in die Welt gekommen. Fürchtet euch nicht!"

Die anderen Hirten hielten das aber für Unsinn – welcher Herr soll gekommen sein? Sie haben niemanden gesehen, der gar prächtig erschienen wäre, wie es sich für einen Herren geziemt! So schüttelten sie nur die Köpfe und sagten einander: „Der Alte ist nicht ganz richtig im Kopf!" Eines Tages eilte die Kunde von Mund zu Mund: Drei prächtig gekleidete Könige ziehen heran, um den Herren zu ehren. Die Hirten versammelten sich wieder erstaunt. „Welcher Herr ist zu ehren?" Nochmals befragen sie den Alten – nun nicht mehr so spöttisch. Und wieder erzählte der alte Hirte das Gleiche von den Lichtgestalten und der Botschaft. Doch damit konnten die Hirten wirklich nichts anfangen. Die ganze Stadt

Bethlehem aber geriet in Aufregung und schmückte sich für die Ankunft der Könige aus dem Morgenland. Doch die Könige gingen an der Stadt vorbei und ritten auf ihren prächtig geschmückten Kamelen zu den Hügeln hinter der Stadt. Sie trafen sich an dem verfallenen Stall, über dem der leuchtende Stern stand, wo das Kind in der Futterkrippe lag.

Isaak stand staunend da und vergaß, den Ochsen und den Esel zu füttern. Er sah, wie die Könige nacheinander zur Krippe traten, auf die Knie fielen und kostbare Gaben für das Kind in die Krippe legten. Isaak verstand das alles nicht. So fiel auch er vor der Krippe auf die Knie und senkte seinen Kopf. ‚Wie unscheinbar ist mein Geschenk für das Kind gewesen‘, dachte er betrübt bei sich.

Langsam schaute er nach oben, direkt in die lächelnden Augen des kleinen Kindes. Es öffnete sein Händchen und siehe da, noch immer lag sein Edelstein darin. Da war Isaak froh, so froh. Das Kind bedeutete einem der Könige – sein Name war Balthasar – zu ihm zu kommen. Ehrfürchtig näherte sich der König. Das Kind zeigte ihm den kleinen Edelstein und deutete auf Isaak. Der hatte seinen Kopf wieder tief gebeugt.

Der König verstand, was das Kind ihm sagen wollte und zog Isaak empor. Er schaute dem Jungen in sein reines Antlitz und fühlte, dass dieser Junge sehr einsam war.

„Möchtest du mit mir kommen und an meinem Hof leben?", fragte sanft König Balthasar. Verwirrt starrte der Junge den ehrwürdigen König an. Hatte dieser wirklich ihn gemeint, ihn, den kleinen unbedeutenden Hirtenjungen Isaak? Lächelnd nickte der König und das Kind in der Krippe klatschte in die Hände. Verwundert schauten Maria und Joseph von einem zum anderen.

Isaak fühlte sich wie im Traum. Geschah dieses wirklich? Der König beugte sich tief zu ihm herunter und fragte leise: „Hast du dem göttlichen Kind hier diesen schönen Edelstein geschenkt?" Isaak konnte nur nicken. Die Kehle war ihm wie zugeschnürt. Der König war zutiefst gerührt über die kostbare Gabe dieses einfachen Jungen. „Ich habe den Edelstein auf der Straße gefunden, Herr", flüsterte Isaak. ‚Wie unbedeutend sind da meine Geschenke', dachte der König, als er die Kisten mit dem kostbaren Inhalt anschaute, die er mitgebracht hatte. ‚Es war nichts im Vergleich zu diesem wertvollen Geschenk, das dieser Hirtenjunge dem göttlichen Kind gegeben hatte.'

Spontan schloss der König den schmutzigen Jungen in seine Arme. „Komm mit mir an meinen Hof", bat er, „ich will dir dieses Geschenk tausend- und abertausendmal vergelten. Nie wieder wirst du ohne Liebe sein."

Isaak war es, als ob alle Himmel sich öffneten und er meinte, himmlische Heerscharen singen zu hören. Nie wieder ohne Liebe! Überwältigt nickte er. „Ja, Herr", flüsterte er, „ich komme gerne mit euch."

Maria und Joseph freuten sich mit ihm und das Kind klatschte in die Hände. Aber es klatschte sehr vorsichtig, um das kostbarste Geschenk, das es bekommen hatte, nicht zu verlieren: den funkelnden Edelstein des armen kleinen Isaak.